आठवें माले पर स्वाधिष्ठान

आठवें माले पर स्वाधिष्ठान

चिन्मयी त्रिपाठी

वाणी प्रकाशन

प्रकाशन के उत्कृष्टतम 61 वर्ष

सजिल्द पहला संस्करण : 2024

vaniprakashan.com

वाणी प्रकाशन

4695, 21-ए, दरियागंज, नयी दिल्ली-110 002

फ़ोन : + 91 11 23273167, 23275710

शाखाएँ

अशोक राजपथ, पटना-800 004, बिहार

कॉफ़ी हाउस कैम्पस, महात्मा गांधी मार्ग, प्रयागराज-211 001, उत्तर प्रदेश

महात्मा गांधी अन्तरराष्ट्रीय हिन्दी विश्वविद्यालय, वर्धा-442 001, महाराष्ट्र

sales@vaniprakashan.in

vaniprakashan@gmail.com

Aathwein Maale Par Swadhishthan

by Chinmayi Tripathi

ISBN : 978-93-5775-851-2

Poetry Collection

मूल्य : ₹ 295

रेप्रो इंडिया लि., मुम्बई - 400 013 में मुद्रित

वाणी प्रकाशन का लोगो मक़बूल फ़िदा हुसेन की कूची से

यह संग्रह समर्पित है कुछ ख़ास लोगों को

मेरी पहली गुरु और दोस्त, मेरी माँ—सत्यवती त्रिपाठी और
निरन्तर प्रेरित करने वाले पापा—राधावल्लभ त्रिपाठी।

मेरी दो और माँएँ—अनामिका जी (वरिष्ठ साहित्यकार) और
हिमिका मुखर्जी (संगीतकार, जोएल की माँ) जिनके होने से जीवन में हमेशा छाँव
का एहसास बना रहता है।

गुरु और पिता समान—बाबा मधु मुखर्जी।

सारे सुख-दुःख का साथी जोएल।

मेरी दोनों बहनें
—प्रियम्वदा और मालविका दीदी, जो दूर रहकर भी हमेशा आसपास मालूम
होती हैं।

बहनों जैसी, चन्दा और सुजाता जो मेरे घर की देखभाल, साफ़-सफ़ाई करती
हैं और खाना बनाती हैं, जिनके होने से ही मुझे आज़ादी मिलती है बेफ़िक्री से
लिखने की, गाने की, घूमने की और घोंसला छोड़कर उड़ने की।

शीफू और कोको (मेरे 4 पैरों वाले 5 साल के बच्चे)
जिन्होंने मुझे सिखाया माँ होने का अर्थ।

अनुक्रम

आठवें माले पर स्वाधिष्ठान–चिन्मयी त्रिपाठी का यह काव्य-संकलन उनकी अन्तर्यात्रा का वह पड़ाव है जहाँ चेतना कुछ देर की ख़ातिर 'न ययौ न तस्थौ' की स्थिति में पड़ जाती है और सहसा समझ में नहीं आता, मार्ग कहाँ से ढूँढ़ें। अक्सर यह थकमकाहट एक बड़ी छलाँग की पूर्वपीठिका सिद्ध होती है, और मुझे पूर्वापर अनुभवों से ऐसा लगता है कि चिन्मयी के लिए तो यह एक ख़ास तरह के उन्नयन की पूर्वसूचना है ही क्योंकि सुरों की तरह, साँसों की तरह इनकी दृष्टि भी एक लय में सध रही है जो शायद इस सृष्टि की मूल लय है : अपने से बाहर जाकर, रामझरोखे बैठकर जग का मुजरा लेती हुई उल्टे पाँव यह वापस अपनी ख़ुदी में, अन्तस्थ आत्मन् में लौट आती है। पूरा व्यक्तित्व जब स्पन्दन की एक विराट लहर हो जाये तो यात्रा पूरी हो जाती है। यह संग्रह बहिर्मुखी है–एक खोयी हुई साँस जैसे स्वयं को ढूँढ़ने बाहर निकली है–संसार के हर उस प्राणी में अपना निवेश करती हुई जो दुखी है, और अपने भोलेपन में अवाक् भी कि लाख दरवाज़ा लगाओ, रोज़ एक दुःख अनाथ बच्चे-सा सामने खड़ा क्यों मिलता है। तरह-तरह के अनादृत लोग, जिनकी तनख़्वाह उनकी मेहनत और योग्यता के मुक़ाबले कुछ भी नहीं, कुशल शिल्पी, कारीगर, शास्त्रीय गायक, वादक, स्त्रियाँ, दर्ज़ी और जूता गाँठने वाले जो व्यर्थ ही रोब गाँठने वाले लोगों से परेशान हैं। जैविक मातृत्व से परे जाकर सारी सृष्टि को माँ की नज़र से देखने का यह जज़्बा ही तो साहित्य और संगीत की उँगली चाहे-अनचाहे थमा जाता है। पहली अवस्था सात्विक रोष की ही होती है जो धीरे-धीरे आप्लावनकारी करुणा में बदल जाती है। वाल्मीकि में भी पहला भाव तो सात्विक रोष का ही जगा था–उस बहेलिये के प्रति जिसने क्रौंच-वध किया। जब पूरी व्यवस्था ही वधिक मुद्रा में आ जाये, युवा कवि का आक्रोश चाणक्य मुद्रा में अपनी शिखा खोल लेने को विवश तो हो ही जाता है और उसकी जिह्वा अग्निशिखा हो जाती है। व्यंग्य की धार जब असल चुटकी लेने पर आती है तो आख्यान के सहारे एक ऐसा चरित्र उजागर करती है जिसकी खाट खड़ी की जा सके–'ज्योतिष-संवाद' इस दृष्टि से एक विशिष्ट

कविता है। कुछ कविताएँ ऐसी भी हैं जिनमें उत्कट जिजीविषा और प्रगाढ़ मृत्यु-बोध में गहरा तनाव है। इनकी बनक दार्शनिक है पर कहने का ढंग हल्की- फुल्की, परमौपचारिक बातचीत का–'एलिवेटर खुला, मैं अन्दर घुसी/दरवाज़ा बन्द हुआ, मैं मुड़ी/पीछे शीशा था, ख़ुद को देखा मैंने/...शून्य पर मूलाधार था!" एक 'मूलाधार' कविता की जड़ें कितनी गहरी कर जाता है। 'वह शाम' की थकान के समानान्तर चाँद से यह बेबाक़ संवाद मनसा अकेली आकर्षक स्त्री के परम व्यस्त, अस्त-व्यस्त, फिर भी मस्त जीवन की अब तक अव्यक्त ही रही महीन विडम्बनाएँ झक से उजागर कर देता है–"अरे सुनो, चाँद!/आज पूरा सोख लो मुझे/अमृत की एक बूँद बनकर/ झड़ जाने का मन है।"

—अनामिका

क्यों लिखती हो कविता

क्यों लिखती हो कविता? उसने पूछा
मैंने कहा, ताकि खाद बना सकूँ,
उसको मसलकर।

दो लोगों के बीच खुद गयी है खाई
भरना मुश्किल है,
तो उसमें खाद डाली जायेगी
खेती करेंगे फूलों की–
गुलाब, नाग चम्पा, चमेली, टेसू
और बेशरम के फूलों की।

तितलियाँ आयेंगी, पराग उड़ेगा
दोनों तरफ़ के परिवारों में।
बच्चे फूल तोड़ने किनारों पर आयेंगे
ख़ुशबू साथ लिये जायेंगे।

दो देश अकड़कर टेढ़े खड़े हैं,
दोनों तरफ़ एक्सपोर्ट करेंगे।

इत्र की महक उड़ेगी
जलन और ग़ुस्सा शायद कम हो जायेगा।
एक्सपेरिमेंट करके देखेंगे।

ऐसे बहुत सारे देश हैं जिन्हें इत्र की ज़रूरत है इसलिए,
बहुत सारी कविताएँ लिखी जायेंगी, मसली जायेंगी।

शिव साक़ी

शिव साक्षी
शिव ही साक़ी
शिव ही पिलाने वाला

भर-भर लाया मैं
जो मुझमें बहा
मुझमें रहा
शिव ने पिया
मुझे बनाकर प्याला।

इसी पीने-पिलाने में
कुछ कौंधा, क्या हुआ
जो बहता चला गया...

दायें-बायें गोलार्ध दिमाग़ के
दो पत्थरों के जैसे रगड़े
तो ये चिनगारियाँ उठ रही हैं ज़ेहन में,
ऐसा सोचा था।

मगर मैं ग़लत थी
ये मेरा अहम् था
जो ये कहता था।

वो तुम थे,
सिरे से अन्त तक।
जो लावा-सा
फूट रहे थे मुझमें।

और मुझे वो चन्दन की तरह
ठण्डा करता बहा जा रहा था।

आठवाँ माला

बेसमेंट में घुप्प अँधेरा
और मैं निरा अकेली,
सीलन की गन्ध गाढ़ी
और मैं बहुत थकी थी।

किसी ने कहा लिफ़्ट वहाँ है
सो मैं उस ओर चली गयी।

एलिवेटर खुला, मैं अन्दर घुसी
दरवाज़ा बन्द हुआ, मैं मुड़ी
पीछे शीशा था, ख़ुद को देखा मैंने
और भी सहयात्री थे,
बटन से लिफ़्ट खुलती बन्द होती थी।

शून्य पर मूलाधार था
लिफ़्ट खुली सब लाल था
भीड़ भयंकर उत्पाती
मुझे लगा डर।

एक पर स्वाधिष्ठान पड़ा
लिफ़्ट खुली सब केसरिया

लिफ़्ट खुली फिर बन्द हुई
कोई चढ़ा कोई उतरा

तीसरा माला मणिपुर
सूरजमुखी-सा लहलहाता
ख़ुशबू का एक झोंका आया
मैंने साँस भरी गहरी।

चौथा माला अनाहत
खुला तो जंगल हरा-भरा
और झरने का संगीत मीठा
मन ललचाया, पर मैंने ख़ुद को रोका।

पाँचवा विशुद्ध, आसमानी नीला
सोचा उतर जाऊँ यहीं,
पर आगे भी तो देखना था।

छठवाँ माला चटक बैंगनी
लगा आख़िरी यही होगा
पर था नहीं, आगे भी कुछ और था।

सातवाँ माला सहस्रार
संग साथ अब कोई न था।
एकदम शान्त सफ़ेद उजला
मैंने उतरने का सोचा,
फिर लिफ़्ट बन्द की
और आठवें माले का बटन दबाया।

कच्चा आम

पके हुए में तो क़हर जो है सो ढाया है
पर कच्चे आम में क़ुदरत ने जो मज़ा भर डाला है–
उसके आगे सब रस फीके
हर ज़ायक़ा फीका पाया है।

कच्ची मिट्टी
कच्चा घड़ा
कच्ची सड़क
कच्ची कोशिश
अभिलाषा–

कच्चे क्रेयौंस
कच्चे नोट्स
कच्चा तेल
कच्चा माल

कच्ची डोरी
कच्चे रंग
कच्ची याद
कच्चा प्यार

कच्चा है
पर सच्चा है
कच्चे में भी
क़ुदरत ने मज़ा रक्खा है।

ये फ़ेमिनिज़म बन्द करो बे!

औरतों के हाथ में गाड़ी, क़लम और माइक
ये तीन चीज़ें कभी मत पकड़ाना।
गाड़ी ठुकेगी, क्रान्ति आयेगी, दुनिया पलटेगी।

गाड़ी चलाना आता नहीं,
रास्ता बिना जीपीएस के सूझता नहीं।

गाड़ियाँ सड़क पर होंगी कम
और तेल का दाम गिरेगा धड़ाम।

वो सत्ता में आ गयीं तो?
बड़ा मसला हो जायेगा।

गाड़ियों की ख़रीद पर पाबन्दी लगा दी तो?
सिगरेट शराब का धन्धा मन्दा पड़ा तो?
बम और बारूद का व्यापार कहाँ जायेगा?
अरे हथियारों का बाज़ार ठण्डा पड़ गया तो!
युद्ध का मज़ा किरकिरा हो जायेगा!
और फिर मुनाफ़ा?
सेंसेक्स किधर जायेगा?

अचार और मिठाइयों का व्यापार तो फलेगा।
फल और फूलों की खेती बढ़ायी जायेगी,
मसालों का कारोबार सर चढ़कर बोलेगा
जहाँ फ़ैक्टरी लगनी थी टायर की
वहाँ झूला लगाया जायेगा!

जिस ज़मीन पर केमिकल प्लांट लगना था
वहाँ इत्र का ठेका डाला जायेगा!

चाँद और मंगल पर जाने का प्लान
ठण्डे बस्ते में चला जायेगा।

वो कहेंगी पहले घर सम्हालो,
सब ठीक करो जो इतना रायता है फैला
उसके बाद बाहर जाने का सोचा जायेगा।

सड़कों, मोहल्लों और बार में शाम को
आधी आबादी औरतों की हुई तो?
सारी गन्दी गालियाँ और बीसी ग्रेड के चुटकुले,
इनका ख़ज़ाना कहाँ लुटाया जायेगा?

दुनिया बड़ी सूनी और बेस्वाद हो जायेगी यारा!
इसलिए कहत कबीरा–

औरतों के हाथ में गाड़ी, क़लम और माइक
ये तीन चीज़ें कभी मत पकड़ाना
गाड़ी ठुकेगी, क्रान्ति आएगी, दुनिया पलटेगी।

चूरा

बहुत टूटे, चूर-चूर हुए
तब जाकर जुड़े हैं हम।
यूँ ही नहीं टूटेंगे,
अब जो ऐसे जुड़े हैं हम।

आँसू भर-भर लायी रेत
ख़ून जलाया बूँद-बूँद
कितनी काली रातें घोंटी
और मिलायी चमड़ी
जो निकली नोच-नोच उँगलियों से
तब मसाला बना है ये।

जो थाम सकता है तूफ़ान अपने भीतर
और लपेट लेगा बाहरी आँधियों को शॉल की तरह...

सारा बिखरा चूरा बटोरा, मिलाया,
फिर एक भट्ठी में पके हैं
ख़ूब झुलसे, आग में तपे हैं
तब जाकर सिरजे हैं हम।

बहुत टूटे, चूर-चूर हुए
तब जाकर जुड़े हैं हम।
यूँ ही नहीं टूटेंगे
अब जो ऐसे जुड़े हैं हम।

भगवान चोरी हो गये

तो हुआ यूँ कि एक दिन अचानक
पार्क में भगवान स्थापित हो गये।
शंकर जी पीपल के नीचे बैठाये गये।
पार्क की बाउंड्री पर भगवा झण्डे,
अटेंशन में खड़े हो गये।

लगने लगा भक्तों का ताँता,
कोई फूल चढ़ा जाता तो कोई घण्टी बजाता
कोई आकर उनकी ही स्तुति बिना सुर-ताल के उनको सुनाता।
भगवान जाने क्यूँ थोड़े-से असहज हो गये थे।
"मन्दिर में तो ठीक है, पर यार ये यहाँ भी शुरू हो गये?"

एकाध हफ़्ते तो भगवान बैठे रहे,
फिर एक दिन चलते बने।
कुछ ने सोचा पार्क है, शायद टहलने निकल गये,
मगर दिन चढ़ते ये ख़बर फैल गयी कि भगवान चोरी हो गये!

कुछ ने कहा कि ये दूसरे धर्म के लोगों की करतूत है,
सीधा-सीधा किडनैपिंग का मामला।
कुछ ने कहा कि आजकल चोरी का डर बड़ा है,
स्टील के स्टैंड के लालच में चोर भगवान को उड़ा ले गये!

मगर हमको लगता है भगवान बोर हो गये।
उनको लगा था ये तो पार्क है,
लोग खेल-कूद करेंगे, हसेंगे-बतियायेंगे, कुछ नयी बात होगी...
मगर ये तो फिर सुबह से, घण्टी बजा के शुरू हो गये।

ख़ैर, भगवान के सबस्टीट्यूट लाये गये।
इस बार अकल से काम लिया गया।
भगवान के चारों ओर लोहे की जाली लगी,
ऊपर सीसीटीवी कैमरे का बन्दोबस्त किया गया।

अब उस पिंजरे पर बैठकर कौवे गपियाते हैं
भगवान टुकुर-टुकुर भीतर से झाँकते हैं
और अपनी पूजा-अर्चना का भरपूर आनन्द उठाते हैं।

वर्षा

पथरीली ज़मीन और लम्बा सफ़र
चढ़ाई ही चढ़ाई बस दूर-दूर तक
प्यास से गला सूख रहा था
पसीने से शरीर लथपथ...

चलते-चलते कई कोस निकले
सामने खड़ा एक विराट द्वार था
खटखटाया, पुकारा कोई सुनने वाला न था
रो-रो सर फोड़ा दरवाज़े पर कितना...

बैठ गये चौखट पर थक-हारकर
प्राण हो जायें पखेरू बस, यही दिख रहा था

तभी अचानक खुला दरवाज़ा, कोई आया
"क्या चाहिए बोलो, कहो खुलकर!"
मैंने कहा एक लोटा पानी मिलेगा?

वो हँसा ज़ोर से मेरी सूरत देखकर
उसकी हँसी थी जैसे, गरजता था बादल!

और फिर हुई वर्षा ऐसी अजब
ना देखी कहीं थी कभी तब तलक

धुआँधार पानी, बिजलियाँ कड़कती
गिरीं मुझ पर ऐसी कड़कड़-तड़तड़

हो गया खोल पूरा चलनी मेरा,
पोर-पोर जाता पूरा भर-भर
काग़ज़ की तरह सोख लीं बूँदें
बिजलियाँ जो नाचीं नसों में थिरककर–

अँजुरी में भरकर बरसती बारिश
मेरे मुँह पर लगाया हाथों का प्याला
मैंने गट-गट एक साँस में वो पिया
जो उसने अपने हाथों से पिलाया।

जब खोली आँखें तो एक बरस था बीता,
मगर क्षण भर ही हुआ है, ऐसा लगा था।

वो दरवाज़ा नहीं था, वो भी नहीं था
रेगिस्तान अब जंगल हरा बन चुका था।

मैं कहीं भी जाऊँ होती वहीं हूँ।
हरे जंगल के बीच बारिश को पीती
और वो पिलाता है अँजुरी भरकर।
वो एक महीन पर्दे-सा बिखरा है मेरे इर्दगिर्द
धूप तेज़ हो तो हल्की लगती है जिसमें,
हवा ठण्डी हो तो गर्मा जाती है।

ज्योतिष संवाद

चन्द्र और शुक्र उच्च का है तुम्हारा
कला संगीत और प्रेम की वर्षा होगी हमेशा
मगर मंगल है बहुत भारी,
गुरु कुपित और सूर्य नीच का।

पुखराज हीरा पहनो
चन्द्र-शुक्र को पूजो
सूर्य को चढ़ाओ जल
और गुरु के लिए करो–उपवास।

मुझे आख़िरी झटका पहले लगा
चूँकि उपवास अपने से ना हो पायेगा
(ये तो मैंने बचपन में ही जान लिया था)

तो मैंने कहा देखिए, पण्डित जी,
आप ठहरे ज्ञानी, आपकी बात सही
पर मैं ये सब क्यों करूँ?
पता नहीं।

सूर्य तो वहीं है जहाँ उसका डेरा
उसका स्थान नीचे गिर गया, ये कब हुआ?

और जब खिसक ही गया है तो,
मुझ पिद्दी से कैसे ऊपर उठेगा?

गुरु? वो तो स्वयं गुरु हैं, सब जानने वाले
उनको पटाने के लिए लगा ही दी है काम में जान, धरम, ईमान–
आज नहीं तो कल, उनको ख़ुश होना ही होगा।

रहा चन्द्र, तो मैं तो ख़ुद ही चाँद का टुकड़ा हूँ!
उसको तो मेरा ख़याल रखना ही पड़ेगा।
और वो शुक्र? जितना किया है, दिया है उसने
उससे ज़्यादा कोई क्या देगा?

अब रहा सवाल पुखराज, हीरे-मोती,
सोने-चाँदी का।
तो ये सब तो अन्दर ही जड़े हैं मैंने देख लिया।
जब टूट के झरे थे आसमान से हुई थी सबसे बड़ी वर्षा,
ये गड़ गये थे मिट्टी में, समन्दर में
कुछ आ गिरे होंगे आपके-मेरे अन्दर भी...

पहले दिखाई नहीं देते थे
पर फिर जीवन ने इन्हें घिस-घिस के उभार दिया।

अब तो दिख गये जो अन्दर जड़े हैं
तो उँगली में पहनकर मैं क्या उखाड़ लूंगी?
और जो ना पहनूँ तो कोई मेरा क्या उखाड़ लेगा?

पंडित जी ने मुझे ग़ौर से देखा,
अपना सामान समेटा।
कहा बाद में पछताओगी,
फिर मुझसे मत कहना।
मैंने कहा चलिए,
जो होगा देखा जायेगा।
प्रणाम, शुक्रिया!

ऑफ़ टाइम

तुम सही थे, मैं भी
वक़्त ग़लत था, और कुछ नहीं
हमने फिर भी पूरी कर ही ली
जो भी हसरत थी रही-सही।

ये फ्राइड ने बड़ा गन्द मचाया है
हर बच्ची बाप ढूँढ़ती है
हर बच्चा माँ माँगता है
जबरन घुट्टी में पिलाया है।
चलो मान लिया दुनिया मानती है
पर यार, तुमको कभी ऐसे देखा नहीं है।

तुम तो तुम ही थे और मैं क्या, यही थी
हम ने बनायी एक दुनिया नयी थी
दुनिया से ज़रा अलग-थलग सही थी
फिर भी वो दुनिया बड़ी क़ीमती थी

शादी, सात फेरे, घर के पर्दे और सोफ़े
किचन, दुनियादारी, बच्चों वाली नहीं थी
फिर भी वो दुनिया बड़ी क़ीमती थी।

वो दुनिया ही इश्क़, सोलह आने सही थी
24 कैरट से ज़्यादा, सनक खरी थी
उसमें लैला की ख़्वाहिश ओ ललक सनी थी
दुनिया को ग़लत हम को सही लगी थी।

बहुत सोचा छोड़ दें।
चलो रुख़ मोड़ लें
मगर उस बखत कहाँ
दिल पे अपनी चली थी?

दुनिया को ग़लत
हमको सही लगी थी
दुनिया को ग़लत
हमको सही लगी थी।

सौ गीगा स्पेस, दो बीघा ज़मीन

दस गीगा स्पेस चाहिए, सौ मिलेगा।
दो बीघा ज़मीन? हाहाहा!

एक बीघा हुआ अठारह हज़ार स्क्वेयर फ़ीट
हज़ार स्क्वेयर फ़ीट का घोंसला बनाने में
खपती जा रही है ज़िन्दगी लोगों की।

यहाँ बीघा तो किसी को क्या मिलेगा
हाँ, गीगा माँगों, सौ मिलेगा।

फ़ॉसिल

सुर्ख़ और लबरेज़ गुलाबों जैसा था प्यार
सूखने से पहले इत्र बना लेते, कितना अच्छा होता?

सूखना ही था, सूख गया, सूखकर काँटा हुआ,
अब फ़ॉसिल है, सुन्दर क़ीमती फ़ॉसिल।

मगर फ़ॉसिल म्यूज़ियम में रखे जाते हैं
दिल में नहीं।

वो शाम

पिछली फ़रवरी की वो शाम, याद है?
भरी-पूरी सभा सजी थी तुम्हारे घर...
यार दोस्तों की गप, पुरानी यादें,
और हँसी की फूलझड़ियों से लदी शाम।

डिम लैंप शेड्स से आती रौशनी पीली
बिखर रही थी जामों से टकराकर
और बॉन फ़ायर से ताप ले रही थीं
सर्दी में ठिठुरती रूहें हमारी।

और इन सबके बीच यूँ ही
किचन के रास्ते में आते-जाते
तुमने मेरा हाथ खींचा था
राइट वाले अँधेरे कमरे में।

जाने क्यूँ, कुछ अजीब लगा नहीं
तुमने खींचा था मुझे अपनी तरफ़
और उस एक किस में, उस एक घड़ी में
टूट गयी थी हमारे बीच जमी बरसों की बर्फ़।

मेरी शर्ट में हाथ डालकर जब
तुमने मेरी ब्रा के हुक खोले थे,

तो उनके साथ खुल गये थे
कुछ वर्टीब्रे, मेरी रीढ़ के,
और खुल गये थे हमारे मन के न जाने कितने ताले,
जो एक नर्म छुअन से खुलने थे।

और हम जो ऐसे तने-तने से
पलाश के पेड़ जैसे रहते थे,
हो गये थे नाज़ुक-सी लिपटी
बोगनवेलिया की बेल जैसे।

पिछली फ़रवरी की वो शाम याद है तुम्हें?

मौसम

कितने मौसम कितनी शामें
जो बितायी साथ तुम्हारे
सुबहें सिन्दूरी काजल रातें

पत्ते बूँदें कितनी बातें
कुछ सुलझे ख़्वाब, उलझी लकीरें
लपेटकर रखी हैं एक गर्म शॉल में

जब हवा लगती है सर्द रातों में
अक्सर, ओढ़ लेती हूँ।

दिल्ली मेरी जान

हम दिल्ली से रूठे, चल दिये
दिल्ली हमसे रूठी, यहीं रह गयी
अरे मत पूछो, कुछ खटपट-सी हो गयी

साल निकल गये जाने कितने
भूली-बिसरी बात-सी हो गयी

पर मिली इस बार तो ऐसे जैसे
पहले कभी मिला करती थी।
गले लग के, बहुत देर तक रहा करती थी
अपनी गलियाँ और बाहें खोल के घण्टों
हँसती बतियाती थी–

हाँ बदल गया था बहुत कुछ
वो भी, हम भी
मगर इस बार फिर टकरा गयी कहीं से
दिल्ली, पुरानी दोस्त जैसी।

जायज़

क़त्ल जायज़
गुनाह जायज़
बेवफ़ाई जायज़ हर ख़ता...

वो एक नज़र भर देखना तेरा
वो साँस रुक जाना मेरा–

बिन ब्याही गाय

बिन ब्याही गाय हूँ मैं
जो दूध नहीं दे सकती
मगर दे सकती है नेक सलाह
मशवरा, राय।

नीम का पेड़ हूँ मैं
आम नहीं फलते मुझमें
मगर मेरी छाँव में बैठो
सूख जायेंगे घाव।

बुख़ार हो तो मेरी सलाह का घूँट पी लो
कड़वी लगेगी मगर असर करेगी बात।

खुन्नस

होते काम के ना होने से खुन्नस बड़ी है
कुएँ पर ताला और तलब ज़ोर की लगी है।
अड़ँगा लगाये वो चौखट पर खड़ा है,
हर दरवाज़े पर भीड़ बड़ी है।

धूल में मिट्टी की बड़ी क़िल्लत है
ख़ून-पसीने में ख़ुशबू नहीं है।
किसको कहें कि ये ठीक नहीं है?
सही-ग़लत की, यहाँ किसको पड़ी है?

कहते हो कि ये सब लीला है,
लीला है तो फिर इतनी जद्दोजहद?
किसी और का खेला और इन्सान भटकता फिरता है,
उस बनाने वाले की नीयत ठीक नहीं है।

कोशिश तो बहुत की कि उसके बारे में सोचूं भी ना,
लगता है मेरी सोच में रहना,
ये सज़ा उसकी क़िस्मत में लिखी है।

कई बार सोचा सब कुछ छोड़छाड़कर भाग जायें,
जाएँ तो जाएँ कहाँ, ये दुनिया छोटी बड़ी है।

माइग्रेन

कोई लोहे की ज़ंजीरें पहने पटकता है सर
मेरे दिमाग़ के भीतर की सलाख़ों पर
ज़ंजीरों की झनझन से काँपता है शरीर
कराहता है कोई और भी अन्दर।

कौन है ये जो पहनी हैं ज़ंजीरें?
कौन सी सज़ा का फ़रमान हुआ है?
कब कटेगी सज़ा कौन जानता है?

तकलीफ़ का बस एक सैलाब-सा उठता है;
हर घूँट में मुझको बहाये लिये जाता है।
कोई तड़पता है अन्दर और ठहाके लगाता है।

पाश

"ये तीर-तीर नज़रें
ये आग-आग लपटें
नसों के ठंडे ख़ून में
उफान आ रहा है!

इश्क़ में क्रान्ति या
क्रान्ति में इश्क़ है
दोहरा बदन लिये
कोई गा रहा है।

मिट्टी की सौंधी
ख़ुशबुओं को ओढ़कर
देख इंक़लाब का
सैलाब आ रहा है।

चीरकर हवाओं को
आ रही आवाज़ है
पाश आ रहा है
पाश आ रहा है।

दिल ओ दिल

पसलियों में हाथ डालकर
फड़फड़ाते दिल को बाहर निकालूँ
पिंजरे में क़ैद आख़िर कब तक रहेगा?

धड़कनें दिल की चूमकर पूछूँ
क्यों इतना बेचैन है, कब तक रहेगा?

वो दूर होकर भी पास
पास होकर भी दूर है
फिर भी पास आये बिना
वो कब तक रह सकेगा?

कब तक जान सोखेगी बेचैनी तेरी
दिल को उड़ा दूँ आसमाँ में,
उड़ तो लेगा?

हिसाब

कौन हिसाब रखे दु:ख का
रोज़ चला आता है किसी बहाने से
दरवाज़ा बन्द करूँ तो
रौशनी की तरह दरारों से।

'वो' क्यों नहीं आता
क्यों जाकर भी नहीं जाता
नहीं होकर भी होता यहीं है
ना आने का हिसाब।
ना जाने का।

नोटिफिकेशन

जब भी उसके नाम के आगे टाइपिंग लिखा दिखता है
धड़कन की लड़ी तोड़कर, दिल एक पल को रुकता है।

जब आता है उसके नाम का नोटिफ़िकेशन व्हाट्सएप पर,
सब कुछ भूलकर दिल बच्चे की तरह चहकता है।

वो लिखना कुछ, सोचकर, फिर मिटाना बार-बार
ये सोचकर कि वो क्या सोचेगा, बड़ा अखरता है।

इतनी गर्मजोशी से फ़ोन उठाती हूँ दौड़कर जब बजता है,
कि इतने में तो दुनिया में क्या नहीं हो जाता।

प्यार करके, समय गँवाकर क्या तीर मार लिया
कुछ काम कर लिया होता, हाँ कभी-कभी लगता है।

ऐसी बातों से मैं दिल पर, तो कभी दिल मुझ पर हँसता है।

मैदान

मेरे उसके बीच में, एक ख़ाली मैदान था
जिसकी मिट्टी में हम खेलते, हँसते,
गिरते-पड़ते आये थे सालों से...

एक दिन देखा मैदान में गड्ढा छोटा-सा
सुराख़ ही तो है, सोचकर नज़र अन्दाज़ कर दिया।
हर दिन मगर वो बड़ा होता जाता
थोड़ा दायरा हर रोज़ बढ़ता जाता।

एक दिन लगा इस गड्ढे में मैं गिर न जाऊँ
नीचे अँधेरी खाई है, कहीं गुम न हो जाऊँ।

अब लगता है सारा मैदान ही है गड्ढा
सतह कहाँ है, सिरा कहाँ नहीं पता।

कि जिस पर चलकर मैं उस तक पहुँच जाती,
वो मैदान कहीं नीचे, बहुत नीचे धँस गया था।

जिसमें लेटे थे, धूल में नहाये थे कितनी बार
खायी थीं चोटें, फोड़े थे घुटने
ख़ून-पसीना जिसके खुरदुरे बदन पे टपकाया,
वो मैदान कहीं नीचे, बहुत नीचे धँस चुका था।

दिल चाहता है

अब और क्या करना चाहती हो उसने पूछा
मिट्टी में मिल जाना, मैंने कहा।

मरने का वैसे बचपन से शौक़ था
मृत्यु ने हमेशा अपनी ओर खींचा
जैसे खिड़की खींचती है अँधेरी कोठरी में
मगर कभी किसी ने तो कभी किसी ने रोक लिया।

इश्क़ ने खींचा फ़िर, और खिंचती चली गयी मैं
मगर अब वो लत भी छूटी, वो दौर भी छूटा।

अब वापस मिट्टी बुला रही है
मैं मिट्टी में मिल जाना चाहती हूँ
भूरी खुरदुरी दोहर जैसी मिट्टी
ओढ़कर सोना चाहती हूँ

ज़मीन में गड़कर,
पेड़ की जड़ में समाना चाहती हूँ।

जहाज़

तुम और मैं,
जाने-अनजाने
मिलते रहे इस तरह
कि जैसे मिलते हैं दो पत्ते
हवा में उड़कर..

जैसे दो परिन्दे
आसमाँ के कैनवस पर
एक छोटे-से पल में
गुज़रें बस छूकर...

जैसे दो अनजान लोग
समन्दर के किनारे
यूँ ही मिले मुस्कुराकर
चलते-फिरते
अपनी-अपनी राह पर...

मगर उस रोज़ हम मिले
जैसे दो हमसफ़र...
मिले एक जहाज़ पर

जलते-बुझते हम
साथ चले लहरों पर
सूरज का शरबत पीते
लिपटे हुए एक-दूसरे में,
शाम की चादर ओढ़कर...

और सुनते रहे हवा की दस्तक...

जिसमें एक रोज़,
टकराये थे दो पत्ते सड़क पर
लहराये थे दो परिन्दे
आसमानी कैनवस पर,
जिसमें घुली है ख़ुशबू
उन दो अनजान लोगों की
जो मिले थे उस रोज़ किनारे पर
यूँ ही मुस्कुराकर।

हक़

मौत को तो हक़ नहीं दिया है
कि मुझे तोड़ दे मिटा दे कर दे तबाह
कभी मारा भी है क्या किसी को इस मौत ने?
सच बताओ, कभी कोई मरा भी है क्या?

प्यार की बात अलग है
वो चाहे तो पूरा मिटा दे सिरे से
और एक साँस फिर चाहे बदले में
दे तो दे, ना दे तो ना सही
वो मौत होगी क़ीमती
सौ जनम से ज़्यादा!

बेमानी मुस्कान

बदसूरत मुस्कान की कोई शक्ल होगी
तो वो ये वाली तुम्हारी मुस्कुराहट होगी।

अन्दर अहंकार, ग़ुस्सा, दुःख रिसता
चेहरे पर दबाव और कन्धों पर बोझ लदा
बाहर जबरन होंठों को भींचकर
खींचकर निकाली हुई मुस्कान ऐसी–

नाख़ुश, बेस्वाद, बेजान-सी
जैसे अधमरी बकरी क़त्लख़ाने जे जाये जाती है
ख़ून की नदी में रगड़ खाती...

और फिर डाइनिंग टेबल पर बैठकर,
हम तलाशते हैं उसमें स्वाद...

मुस्कुराहट से ज़्यादा सुन्दर हैं तुम्हारे आँसू
जो दर्द को साथ बहाये लिये जाते हैं
नमक से गाल छीलते हुए
मन को ठण्डे चन्दन का लेप लगाये जाते हैं।

तुम मत हँसो, रो लो!
जी भर के रो बस आज...

मैं और मेरी ऐंग्ज़ायटी

मैं और मेरी ऐंग्ज़ायटी
अक्सर ये बातें करते हैं
तुम्हारा होना आमद
और ना होना शामत है।

तुम होते हो तो फूल खिलते हैं
काँटे भी कहाँ चुभते हैं...
और नहीं होते...
तो चाँद-तारे नोचते-से लगते हैं

पर कभी-कभी तुम होते हो
तो सर में दर्द होता है।
तुम्हारी लम्बी-लम्बी बातें सुनकर
दीवार में सर फोड़ने का मन,
हाँ कई बार होता है।

फिर याद आता है,
नहीं थे तो कितना चुपचाप था।
वो 'चुप' कितना ख़ाली, बदसूरत
ख़ौफ़नाक था!

बोलो, बोलते रहो, कुछ रह ना जाये
तब तक जब तक सुन-सुन के कान पक न जायें।
शामत से बचने के लिए ये क़ीमत कौन ज़्यादा है?
वैन गॉग ने भी तो अपने कान गँवाये थे,
एक स्टारी नाइट के लिए–

कश्मीर!

फूलों की फ़ौजवाला
झेलम की मौजवाला
सेब के बागों वाला
केसर के सैलाबों वाला
कश्मीर!

देवदार का हरियाला चोगा,
परिन्दों का एक गीत मीठा
सफ़ेद बर्फ़ीली घाटी में,
धधकती सुनहरी धूप का बोसा
केसर-कहवा के प्याले में,
सुकून का एक प्याला
कश्मीर!

चहकते चेहरों वाला,
रसीले गालों वाला,
तेज़-तेज़ गेंदों वाला,
हँसी की फुलझड़ियों वाला,
सन्तूर के झरने वाला,
सिन्दूरी सुबहों में,
चाँदी के वर्क़वाला
कश्मीर!

कण-कण में काव्य पिरोये
रग-रग में राग समोया,
कश्मीर!

शंकराचार्य की सौन्दर्य लहरी
सन्तों-सूफ़ियों का जमघट
हब्बा ख़ातून का पागल प्रेम
लल्लेश्वरी का अनहद
हर कण में शिव समाया जहाँ...कश्मीर!

तुझे अब किसी की कभी नज़र ना लगे
जहाँ गोलियाँ चलीं वहाँ चिराग़ जलें
जहाँ ख़ून बहा वहाँ प्रेम की धार बहे
तन-मन सब चन्दन बन महके
सूरज-चाँद तेरी बालियाँ बनकर चमकें
माँ की लोरियाँ वादी में गूँजें
बच्चों के हाथों में क़लम,
आँखों में सपने पनपें।

घटाओं में ख़ुशबुएँ लदी रहें
जेबों में चाँदी खनकती रहे
जन्नत के कानों में, अनहद बजता रहे
बस ये दुआ, वो क़ुबूल करे
आमीन आमीन आमीन!

पापा की चटनी

हरा धनिया ताज़ा शरबती
मिर्च तेज़ झन्नाटेदार
अदरक कुड़ा-सा नाममात्र बस
खजूरी गुड़ गुलज़ार।

नमक काली मिर्च उस पर
भुना जीरा ख़ुशबूदार।
बस फिर क्या? हो गयी चटनी
पिसने को तैयार।

पापा गुनगुनाते कुछ मुस्काये कुछ इतराये
मिक्सर जार में डाला सारा कच्चा माल
मनो ढक्कन बँद कर पाते उससे पहले ही
कक्कू ने गोल घुमा दिया मिक्सर का नॉब!

सारी चटनी जा उड़ी छत पर, कायनात छितरायी
चितकबरा आकाश हुआ, कक्कू की शामत आयी।

पापा ने भींचे दाँत पड़ा
कक्कू के गाल पे चमाट!
हिल गया ब्राह्मण सारा
ग्रह नक्षत्र लड़खड़ाये

कुछ कक्षा से बाहर गिर पड़े
ब्लैक होल में समाये।

इन्द्र का सिंहासन डोला,
वो भी गिरे धड़ाम!

आ गया प्रलय जो रोयी कक्कू मार दहाड़
ऐसे ही मर गये, बह गये सब डायनासौर।

पापा को आयी कक्कू पर दया,
लगाया गले कहा माफ़ करो बिटिया,
मगर मिक्सी नहीं चलाना दोबारा
ढक्कन बिना लगाये।

कक्कू शान्त हुई, कहा सॉरी।
तब सृष्टि कुछ सधी बेचारी।
सन्तुलन पुनः स्थापित हुआ
आसमान कुछ साफ़-सा हुआ।
धरती पर जीवन फ़िर से लौटा
ऐसे ही हुआ पुनर्निर्माण।

और चटनी?
चटनी अच्छी थी,
मात्रा में थोड़ी कम थी
आधी छत पर जो जा टँगी थी,
फिर भी काफ़ी थी, बहुत थी।

गुड़िया ने खिचड़ी में मिलायी
कक्कू ने आँखें मटकायी

चाट-चाट के चटनी खायी
रोटी दाल पापड़ के साथ।

ये सब चीनू ने देखा होते,
फिर लिखी ये गपोड़ी कविता
बीस साल के बाद!
जो अब आपने पढ़ी और
ले लिया उस चटनी का स्वाद।

ऐसे ही हुई गप्पबाज़ी ईजाद।

सैर-सपाटा (गीत)

"सैर-सपाटा" मेला है
मेले में एक झूला है
झूले में एक डलिया है
हम जिसमें रहे,
घूम।

नीचे बैठा सूरज भैया
राइड चलाता रहता है
सबको टुक-टुक तकता है
हम अपने में हैं,
गुम।

गति कभी तो तेज़ लगे
कभी एकदम मरगिल्ली
दुनिया हरदम घूम रही पर
हमको लगता भ्रम।

पकड़ो कसके पेटी को
गिर पड़ने का ख़तरा है
गोल-गोल चक्कर आये तो
आँखें कर लो बन्द।

लो मज़ा हवाओं का
शोख़ गुलाबी रौशनियाँ
गुलगुल चलती गुदगुदियाँ
ध्यान में हो जाओ,
मगन।

सैर-सपाटा बहुत बड़ा
राइड मगर छोटी-सी है
नीचे अगला बैच खड़ा है
समय बहुत है,
कम।

बन्दर

इधर भी बन्दर
उधर भी बन्दर
उछल के कूदा
भागा बन्दर

छुटकू बन्दर
बड़का बन्दर
पूँछ पकड़कर
फिसला बन्दर

बाहर लपका
लटक-मटककर
पकड़म पकड़ी
डाल-डाल पर

शान बघारे
लचकीला
चमचम चमके
चटकीला बन्दर

छत पे कूदा
धड़म धड़ाधड़

नीचे कूदा
खिड़की से अन्दर

शाना बन्दर
चिप्स का पैकेट
उड़ा के दौड़ा
सरपट बन्दर

आँखों के कंचे
चटक-मटक
फुर्तीली बाँहें
लटक-झटक
छीना-झपटी में
नोक-झोंक है
तीखी खिटपिट
करता बन्दर।

तिकड़मबाज़
बड़ा लफ़न्टर
नज़र गड़ाये
बैठा बन्दर
देखा बिस्किट
लपका बन्दर
छीन के भागा
भागा बन्दर

उछल-कूद में
पादा बन्दर!

तेरे अन्दर

मेरे अन्दर
छुपके बैठा
है एक बन्दर

शैतानी का लिये पिटारा
दुबक के बैठा है एक बन्दर
कभी गुदगुदाये जो अन्दर
आने दो ना बाहर बन्दर।

चलते जाना (गीत)

चलते जाना चलते जाना
ज़िन्दगी तो है बहाना
चलते जाना चलते जाना
ज़िन्दगी तो है बहाना।

कभी तेज़ चलना
कभी बस टहलना
कभी रुक के सुनना
कभी डगमगा के फिर सम्हलना।

चलते जाना चलते जाना
ज़िन्दगी तो है बहाना।

कभी ओस पीना
कभी मोती चुनना
साँसों पर लिखा है
मंज़िल का सब पता ठिकाना।

चलते जाना चलते जाना
ज़िन्दगी तो है बहाना।

पत्ते-पत्ते में बिखरा आसमाँ
रगों में दौड़ती हैं मछलियाँ
बूढ़े बरगद का सुनो सफ़रनामा
ज़मीं के नीचे भी
बसी है एक पूरी दुनिया।

चलते जाना चलते जाना
ज़िन्दगी तो है बहाना
चलते जाना चलते जाना
ज़िन्दगी तो है बहाना

कोयल गाती है

गर्मियों का मौसम आया
कोयल सुबह गाती है
कितना मीठा गाती है
कितना मीठा गाती है!

दोपहर में गाती है
शाम रात तक गाती है
आधी रात जब आँख खुले
तब भी कोयल गाती है।

उसके सुर में सुर मिलाकर
बाक़ी चिड़ियाँ गाती हैं
और सुबह हो जाती है।

कोयल गर्मी में गाती है
बाक़ी साल कहाँ जाती है?

कौन से विद्यालय में
संगीत सीखने जाती है?
ऊँची चोटी पार तार
सप्तक में सुर लगाती है?

सालों का अभ्यास होगा
तभी तो ऐसा गा पाती है!
फिर गर्मियों में सुबह-सवेरे
गाकर हमको सुनाती है
बाक़ी सारी चिड़ियों को भी,
साथ-साथ गवाती है।

धूप में काली हो जाती है
फिर भी गाती जाती है
कोयले-सी काली कोयल
जितना जितना गाती है
सूरज में आग और धधकती
गर्मी बढ़ती जाती है।

आम पकते जाते हैं
वो गाती ही जाती है
उतने ही मीठे आम हुए
जितना वो मीठा गाती है।

कितना मीठा गाती है
कितना मीठा गाती है!

फ़लाना-ढिमकाना

बेतुकी ग़ज़ल बेसुरा तराना

आग मुई बर्फ़ जैसी
गला सुखाता ड्राय पानी
लगती है दुनिया साली
फ़लाना ढिमकाना

टिंडर और किंडल के बीच झूलती
स्विग्गी ज़ोमेटो के बीच में लटकी
गाजर चुकन्दर में फ़र्क़ भूल गयी!

फ़ेसबुक पर खाने की मनहूस थाली
इंस्टा पर सड़ी मुस्कान बिखेरती
बेतुकी बेवजह बेसुरी दुनिया।
लगती है दुनिया साली
फ़लाना-ढिमकाना।

*अफ़ग़ानी तूफ़ान (गीत)

आया आया आया आया
अफ़ग़ानी तूफ़ान
देखो गले में अटकी जान
देख-देख के खेला सारा
दुनिया है हैरान
आया अफ़ग़ानी तूफ़ान

बीस साल की मेहनत पर फिर गया पानी
अंकल सैम शरम से हो गये पानी-पानी
आ गयी याद सबको अपनी अम्मी-नानी
दौड़-दौड़ के प्लेन को पकड़ो लुटने दो मकान
आया अफ़ग़ानी तूफ़ान

चीनी में है किसने देखो नमक मिलाया
रूसी रूसी बातों से है ख़ूब रुलाया
पाक पाक है दिल अपना समझो शैतानी
अपना बोलो अब क्या होगा
होगा हाय राम।
आया अफ़ग़ानी तूफ़ान

* 2021 में अफ़ग़ानिस्तान संकट और युद्ध पर आधारित

*हैना-तैना

तुम और मैं
हैना-तैना
तुम और मैं
पत्तल और दोना

तुम और मैं
जादू और टोना
तुम और मैं
सिक्का और सोना

तुम और मैं
वन और ज़ीरो
बाइनरी कोड में
दोनों हीरो।

जिन और टॉनिक
यही समझ लो
मेरे बिना न शाम पूरी
ना तुम्हारी कायनात।

* ये–वो–बांग्ला में।

ज़िन्दगी क्या है तू (गीत)

ज़िन्दगी क्या है तू
सोचकर मैं हैरान हूँ
कभी खुल के मिल ज़रा
कुछ सुना कुछ बता
दो घड़ी बैठ ना पास तू...

बिखरी हुई सलवटें
सपनों की कुछ कतरनें
उलझी पड़ी यादें
सुलझा दो ना

टूटा-सा दिल भी तो है
पुर्ज़े सब बिखरे पड़े
कुछ मरम्मत ही सही
कर दो ना–

कभी जुगनुओं की जलती-बुझती नदी
कभी झूमती एक नन्ही-सी कोई परी
कभी रूठकर मान जाये लगा ले गले
कभी अजनबी सी यूँ ही गुज़र गयी–
ज़िन्दगी क्या है तू–

साधो!

चाँद साज़ो-सामान लिये
जा रहा
सूरज अपने वाद्य लिये
आ रहा

इन दोनों के बीच-मैं
साध रही
अपनी साँस को
कोरस में गाने के लिए।

बूढ़ा सारंगी

वाद्य अब नहीं सुनायी पड़ते स्टूडियो में।
सारा संगीत कंप्यूटर पर बनके झटपट तैयार हो जाता है।
पैसा नहीं है वादक को देने के लिए।
वादक जो थे वो चपरासी हैं स्कूलों में।
पुश्तैनी संगीत सन्दूक़ में बन्द पड़ा है...

मसला ये नहीं है।

मसला ये है कि मैं इस सारंगी को बहुत पहले से जानती हूँ।
बरसों पहले मैं जब मिट्टी में रहती थी
तो इस सारंगी की धुन मेरे कानों में पड़ती थी।

लाल देवदार के तने में रहता था ये,
उसकी जड़ों से रिसता था इसका संगीत जो मैं सुनती थी ज़मीन के नीचे।
दिलरुबा को जब से ले गये काटकर, उसकी याद में घण्टों गाता रहता था।

इसके गाने से गर्मी में प्यास कम लगती थी।
फिर एक दिन वो इसे भी काटकर ले गये।

मिट्टी मेरी माँ है
देवदार मेरे दूर के मामा,
ये उनका लड़का है।

जब मैं यहाँ आई तो मामा को अच्छा लगा
कि चलो कोई अपना पहुँच गया।

जब वापस घर जाना होगा और मामा पूछेंगे
कि सारंगी कैसा है, तो क्या जवाब दूँगी?
कि उसका काम कंप्यूटर ने ले लिया?
वो चुपचाप पड़ा रहता है
बजाने वाला कोई नहीं
डिप्रेशन की गोलियाँ लेता है
पड़ा-पड़ा बूढ़ा हो गया...

उसकी मदद मैं नहीं कर सकती
ये कहने में मुझे शर्म आती है
कोई बताये कि मैं उनसे क्या कहूँगी?

मैंने देखा

ईंट पत्थर सीमेंट का बना
वो ख़ाली सभागार था,
सुनने वालों का हुजूम आया
वो तालाब के जैसे भर गया।

फिर सुर मण्डल लेकर आये गायक
और हवा का मिज़ाज कुछ बदला।

सुर छिड़ा,
चौकोर था जो सभागार, गोलाकार हो गया।
सुर के पंछी मण्डराते आये
शब्दों की मछलियाँ लगीं तैरने गोले में
भाव तरंगों जैसे जुगनू रस से भरे,
लगे तैरने नीली-नीली हवा में।

किसी आर्किटेक्ट, इंजीनियर और डिज़ाइनर के बिना ही,
सभागार एक क्षण में, तब्दील हो गया।

मैंने देखा,
श्रोता बैठे सुनते थे पर वहाँ नहीं थे।
गायक बैठा गाता था पर वहाँ नहीं था।

किसने मन्तर फूँका, किसने जादू डाला? ये पता नहीं था।
मैं भी तो जब कि वहाँ नहीं थी, मैंने देखा।

ईजिप्ट में बनाये जैसे गये पिरामिड
कौन लाया पत्थर, जोड़े किसने, किससे जोड़े?
वो बनाये गये या प्रकट हुए, ये किसने देखा?
मगर मैंने उस दिन सभागार में 'समा' बनते देखा।

जब समारोह ख़त्म हुआ
गायक ने खोली आँखें
तो पाया कि वो तो वहीं था,
और सामने बैठे थे श्रोता।

तालियाँ का शोर हुआ
जा टकराया दीवारों से
और समा भंग हो गया
जैसे जादू टूटा।

सभागार वापस चौकोर हो गया।
मैंने देखा।

बावरी धूल

डिग्री क्या है
तनख़्वाह कितनी ये ना पूछो
धंधा क्या है कितना कमाते
ग़लती हो गयी, अरे रहम करो!

ये सब हमको कहाँ आया
हिसाब लगाना कहाँ आया,
पैसे के लिए काम करना,
नहीं आया तो नहीं आया।

मगर कुछ तो आता है थोड़ा-बहुत,
ऊलजलूल पर लाजवाब!

शब्द और सरगम, ये दोनों जहाँ मिलते हैं
उस संगम में आता है नहाना, खेलना, तैरना।

आती है शब्दों की बुनाई, कटाई-छँटाई
कस-कस के टाँके लगाना,
रंग-बिरंगे धागों से, बनाना मज़बूत बिछौना
जिस पर लेटकर आये, मीठी गहरी नींद
और एकाध सुन्दर सपना।

आप एक लता पकड़ा दें कविता-सी
लहलहाता संगीत उसमें पिरोकर दे सकती हूँ मैं,
जिसमें होगी मिट्टी की ख़ुशबू
आसमान की छाया और झरने की हँसी।

मैं दर्ज़ी हूँ, बुनकर हूँ और वो कारीगर–
जो इस मायावी नदी में बहती किसी भी वस्तु का छिलका उतार
उसमें भरा संगीत नारियल पानी जैसा,
आपको थमा सकता है, स्ट्रॉ लगाकर।
फिर शायद उस संगीत को बिछा दे कैनवस पर कोई पागल पेंटर।

अरे बावखर्ची भी तो हूँ मैं,
जिसे अन्दाज़ है ज़बान के ज़ायक़े का,
और लहजे की तासीर का।

इनकी कढ़ी बहुत अच्छी बनाती हूँ मैं
मीठा तीखा खट्टा मिलाकर स्वादानुसार।
परोसना जानती हूँ थाली हल्के हाथ से
रोटी चावल दाल चटनी पापड़ के साथ।

मैं हूँ वो मज़दूर जिसको आता है बाँधना शामियाना
जिसमें बँधता है समा,
और दिखाया जाता है जादू।
कि जिसमें दिख जाती है पूरी कायनात,
जैसे हो प्लेनेटोरियम,
और जहाँ खुला शामियाना,
तो बस कोरा आकाश।

मगर मैं चाहती नहीं थी ये सब बनना
चाहती तो थी, बस धूल बन जाना।

बावरी धूल जो सब जगह मँडराती है
जब रोशनी पड़ती है तो बन जाती है स्वर्ण भस्म!
और हल्की इतनी कि जब चाहे उड़ जाती है,
हवा जिसकी पक्की दोस्त है।

जो मिली है सब में,
और जिसमें अन्ततः सब मिल जाना है
और कुछ भी नहीं होना चाहती थी मैं
बस धूल के सिवा।

चमार

कभी दर्ज़ी को देखा है?
वो चेहरा नहीं देखता,
मगर बहुत ध्यान से देखता है आपके कपड़े,
और आँक लेता है आपका पूरा बहीखाता।
आपकी अमीरी, ग़रीबी और भाग्य।

वैसे ही जैसे एक चमार
सूरत की ओर नज़र नहीं उठाता
मगर जाँच लेगा जूतों से,
किसी के जीवन का सफ़र,
उसकी आशा, निराशा।
कभी-कभी वो सिल देता है
फटे जूते के साथ उसका टूटा हुआ मन।
और चिपकाता है जब टूटा तलवा,
तो अनजाने में लेप देता है घाव पर मरहम।

और एक हम हैं चमार!
जो आंकते हैं व्यक्ति को उसकी चमड़ी से, चमड़ी के रंग से,
मगर किसी नंगे पाँव सड़क पर भटकते बच्चे के पैरों में
नहीं डाल सकते एक जोड़ी चप्पल।

जो किसी ठिठुरते आदमी का तन नहीं ढँक सकते कड़ाके की ठण्ड में,
मगर मोल करते है इन्सान का उसके कपड़ों को देखकर

जो जानना भी नहीं चाहते भीतर की सच्चाई को
केवल ऊपरी कवर से समझते हैं कि पढ़ ली पूरी किताब।

दस्तक

एक्सक्यूज़ मी मैडम!
एक बात तो बताइए...

बुर्क़ा जो पहना है, काला, बहुत फबता है
काला आपका फ़ेवरेट है?
तो क्या, सभी औरतों का फ़ेवरेट है?

जिसने बनाया है आपको और मुझको अपने हाथों से
उसी से पर्दा है, उससे पर्दा है या उसके बन्दों से?

इतने प्यार और लगन से नक़्क़ाशी की है उसने
क्यों नहीं देख सकती ये सूरत, वो कुदरत भला?

कि अपनी ही बनायी पेंटिंग वो पेंटर ख़ुद नहीं देख सकता,
ये भी कोई सौदा हुआ?

एक बार ही सही इसे हटायें तो सही, देखें क्या होगा।
बालों से हवा खेलेगी, कानों में कुछ कहेगी
धूप सुनहरी गालों पर पड़ेगी
सुर्ख़ी थोड़ी और बढ़ेगी, यही होगा ना?

बूँदा-बाँदी हो गयी तो भिगोयेगी

तन और मन की तरावट होगी
रूखा-सूखा कब तक रहेगा भला?

क्या भला क्या बुरा, तोलकर देखें ज़रा?

चलें बाँहें लहराकर, जैसे उड़ता है परिन्दा।
कि बनाने वाले को भी फ़क्र हो, कि ये मैंने बनाया
बिना पंखों का परिन्दा!
पैरों को ज़मीन से ऊपर उड़ने दें ज़रा।

बुना जाये, नये ख़्वाबों का क्रोशिया
तराशें अपना सफ़र, अपनी दिशा।
अपने क़दम उठने दें उधर,
जिधर दस्तक पड़ती है दिल में।

चलें, उस तरफ़-टहल आएँ ज़रा

पूरा चाँद

पूरे चाँद की रात है
और प्यार तो अधूरा
किया नहीं तुमसे कभी।

"अरे सुनो, चाँद!
आज पूरा सोख लो मुझे"।
अमृत की एक बूँद बनकर
झर जाने का मन है।

प्रार्थना

हे ईश्वर,बस इतनी प्रार्थना स्वीकार कर
मैं समर्पण करती हूँ और तू वश में कर।

जहाँ चलाना चाहे चला
उठा बैठा नचा
जैसे मदारी का बन्दर।

बस एक क्षण के लिए भी मुझे
ख़ुद से अलग मत कर।
कितना चले, घिसे तलवे लिये
कहाँ पहुँचे मगर?
तू बस एक क़दम ही साथ चल
या ये सफ़र यहीं ख़त्म कर।

तेरे इर्दगिर्द नाचूँ गाऊँ
बस कानों में पड़ती रहे डमरू की ध्वनि
और जिस दिन रुके डमरू
मैं भी हो जाऊँ खाली
ये खोल मिट्टी में डाल,
और तू बस खींच लेना मुझे
श्वास लेकर।

आदिदास की दुकान में कालिदास

वो बैठा रहा पार्क में कुछ देर
फिर सड़क पर निकल गया।

सामने एक मॉल था
सुख-सुविधाओं से लदे-फँदे एक पेड़ जैसा
वो कुछ देर रुका, सोचा जाऊँ कि न जाऊँ
मगर पीछे से भीड़ आयी, धक्का लगा
और वो अपने आप ही मॉल में घुसता चला गया।

"सिक्योरिटी चेक करवाइए!"
बॉडी स्कैन हुआ।
"क्या करते हैं आप? न कोई बैग ना झोला?"
सिक्योरिटी गार्ड ने ताज्जुब से पूछा।
"मैं कवि हूँ, कालिदास मेरा नाम है।"
गार्ड मुस्कुराया बोला, "समझा"

मॉल क्या था सामान का पहाड़ खड़ा था।
दुनिया भर के कपड़े-लत्ते
गहने कॉस्मेटिक्स, घड़ियाँ, परफ़्यूम–
बेहिसाब...कोई अन्त ना था।

दिमाग़ में हैपी हॉर्मोन की बाढ़ आ जाये
इसका हर इन्तज़ाम था।
कालिदास बहुत इंप्रेस हुआ।

फिर सामने देखा, 'ओम शान्ति' की दुकान पर
बुद्ध बिक रहे थे सात सौ में
फेंगशुई, घण्टियाँ लगी थीं छोटी-बड़ी
शिव और गणेश भी थे पाँच-पाँच सौ में।

"ये कहाँ आ गया हूँ मैं?" वो सोच ही रहा था
कि पीछे से आवाज़ आयी, "सुनिए!"
वो चौंका, पीछे मुड़ा।
"आप कालिदास हैं ना?"
मैंने आपको देखा है, पढ़ा है, फ़ैन हूँ मैं आपका!"
कालिदास को ये सुनकर अच्छा लगा।
चलो कोई तो था जो उससे मिलने
दौड़ा चला आया था।
"धन्यवाद आपका", वो मुस्कुराया।

"मेरा सामने ही स्टोर है जूतों का,
आदिदास का नया स्टॉक आया है
आप देखना चाहेंगे क्या"?
कालिदास ने अपने जूते देखे जो धूल-मिट्टी में सने थे,
वो थोड़ा सकुचाया–
"चलिए", उसने कहा और उस 'फैन' के पीछे चल दिया–

सम्

सम् से संवाद
सम् से समाधान

सम् से समन्वय
सम् से संसार...

सम् से सम्भोग
सम् से समाधि

सम् से समता
सम् से समर्पण

सम् से सम् तक लौटने की क्रिया–
जीवन।